Walny Vianna

DIREITOS HUMANOS E CIDADANIA

ENSINO FUNDAMENTAL

VOLUME 1

1ª edição
2011

Direitos Humanos e Cidadania.
© Walny Vianna, 2011.
É proibida a reprodução, mesmo parcial, por qualquer processo eletrônico,
reprográfico etc., sem autorização, por escrito, do autor e da editora.

Dados para Catalogação
Bibliotecária responsável: Luciane Magalhães Melo Novinski
CRB 1253/9 – Curitiba, PR.

Vianna, Walny.

Direitos humanos e cidadania : 1º ano, ensino fundamental / Walny Vianna ; ilustrações Cide Gomes. — Curitiba : Base Editorial, 2011.
112 p. : il. ; 28 cm. – (Coleção dhc ; v. 1)

ISBN: 978-85-7905-491-4

1. Direitos humanos e cidadania (Ensino fundamental) – Estudo e ensino. I. Título. II. Série.

CDD (22ª ed.) 304.2

Direção geral
Base Editorial
Supervisão editorial
Marcos V. Lobo Leomil
Coordenação pedagógica
Grenilza M. Lis Zabot
Revisão
Maria Helena Ribas Benedet
Apoio técnico
Mirian Nazareth Fonseca
Valquiria Salviato Guariente
Iconografia
Ana Cláudia Dias
Projeto gráfico e ilustrações
Cide Gomes

BASE EDITORIAL

Base Editorial Ltda.
Rua Antônio Martin de Araújo, 343 | Jardim Botânico
CEP 80210-050 | Curitiba/PR
Tel.: 41 3264-4114 | Fax: 41 3264-8471
baseeditora@baseeditora.com.br | www.baseeditora.com.br

CTP, Impressão e Acabamento IBEP Gráfica

APRESENTAÇÃO

Professor

Qualidade de vida, saúde, segurança, valores humanos, diversidade cultural são alguns dos temas abordados nesta coleção. Pretende-se, com ela, contribuir para o desenvolvimento, nos alunos, de atitudes favoráveis ao convívio social, à solidariedade, ao respeito à diferença, à preservação do meio ambiente...

Voltada para alunos do 1º ao 5º ano do Ensino Fundamental, incentiva a reflexão, o pensamento crítico e a análise de situações do cotidiano.

Esperamos, com ela, colaborar com seu trabalho de formação de pessoas.

A Autora.

ÍCONES

O CONTEÚDO DE CADA PÁGINA É IDENTIFICADO PELO ÍCONE COLORIDO INSERIDO NO RODAPÉ.

- ÉTICA E CIDADANIA 
- DIVERSIDADE RACIAL 
- EDUCAÇÃO AMBIENTAL 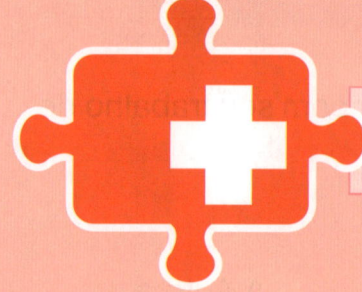
- SAÚDE E PREVENÇÃO 
- TRÂNSITO E SEGURANÇA

SUMÁRIO

UNIDADE 1	PENSANDO SOBRE PESSOAS	6
UNIDADE 2	PENSANDO SOBRE O PLANETA	37
UNIDADE 3	PENSANDO SOBRE OUTRAS COISAS	49
UNIDADE 4	PENSANDO SOBRE SAÚDE	65
UNIDADE 5	PENSANDO SOBRE O TRÂNSITO	75

UNIDADE 1 — PENSANDO SOBRE PESSOAS

VOCÊ JÁ IMAGINOU COMO SERIA DIFÍCIL NOS COMUNICARMOS UNS COM OS OUTROS SE NÃO TIVÉSSEMOS NOMES QUE NOS IDENTIFICAM?

TODAS AS PESSOAS POSSUEM UM NOME PARA IDENTIFICÁ-LAS. EXISTEM DIFERENTES NOMES PARA DIFERENTES PESSOAS. QUAIS PODERIAM SER OS NOMES DESSAS CRIANÇAS?

NO FINAL DO LIVRO, ENCONTRAMOS VÁRIOS NOMES PRÓPRIOS DE PESSOAS. RECORTE-OS E COLE NA PÁGINA. CIRCULE OS NOMES DE PESSOAS QUE VOCÊ CONHECE.

VOCÊ CONHECE ALGUMA PESSOA QUE TEM NOME BASTANTE DIFERENTE? QUAL É ESSE NOME?

ESCREVA NO ESPAÇO A SEGUIR.

ALÉM DE NOMES DIFERENTES, TEMOS TAMBÉM MUITAS OUTRAS DIFERENÇAS:

NA COR DA PELE.

NA COR DO CABELO.

NA COR DOS OLHOS.

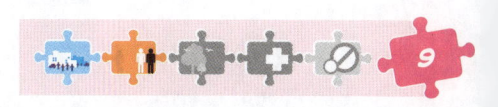

HÁ PESSOAS GORDAS, MAGRAS, ALTAS E BAIXAS.

HÁ PESSOAS QUE POSSUEM NECESSIDADES ESPECIAIS E PRECISAM DE AJUDA PARA SE LOCOMOVER, OUVIR OU FALAR.

MAS TODOS TEMOS DIREITOS IGUAIS!

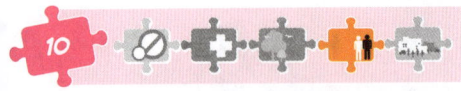

ATIVIDADE

PEÇA A SEUS PAIS UMA FOTO DE QUANDO ELES ERAM CRIANÇAS E UMA FOTO DE AGORA E COLE ABAIXO. SE QUISER, REPRESENTE OS ADULTOS POR MEIO DE DESENHOS.

– SEUS PAIS ESTÃO MUITO DIFERENTES AGORA OU POUCO MUDARAM?

– QUAIS AS DIFERENÇAS? O QUE NÃO MUDOU?

– COM QUEM VOCÊ MAIS SE PARECE FISICAMENTE? EM QUÊ SE PARECE?

AS PESSOAS DA FAMÍLIA TAMBÉM SÃO DIFERENTES ENTRE SI.
EMBORA POSSAM SE PARECER FISICAMENTE, CADA UM TEM SEU JEITO DE SER, NÃO É MESMO?

OBSERVE, A SEGUIR, UMA TELA DA PINTORA TARSILA DO AMARAL. ELA REPRESENTA UMA FAMÍLIA NUMEROSA, NA QUAL É POSSÍVEL PERCEBER UMA CERTA SEMELHANÇA ENTRE SEUS MEMBROS.

AMARAL, Tarsila do. **A família**. 1925. Óleo sobre tela, 79 cm x 101,5 cm. Col. Torquato Sabóia Pessoa (SP).

NO FINAL DO LIVRO, VOCÊ ENCONTRA AS FIGURAS CORRESPONDENTES ÀS SOMBRAS. DESTAQUE-AS E COLE SOBRE SUAS SOMBRAS. DEPOIS, IDENTIFIQUE QUEM SERIAM ELES NO CONJUNTO DA FAMÍLIA PINTADA PELA ARTISTA TARSILA.

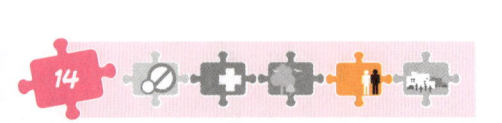

AS FIGURAS QUE VOCÊ DESTACOU E COLOU

FICAM NA PARTE _____ DA TELA DE TARSILA.

O DA ESQUERDA É _____

O DO MEIO É _____

E O DA DIREITA É _____

MAS NA TELA "A FAMÍLIA" VEMOS QUE A ARTISTA RETRATOU TAMBÉM OS ANIMAIS DE ESTIMAÇÃO QUE ESTÃO JUNTO AOS MEMBROS DA FAMÍLIA. QUAIS SÃO OS ANIMAIS?

_____

_____

E VOCÊ, POSSUI UM ANIMAL DE ESTIMAÇÃO?
SE TEM, ESCREVA QUAL É O NOME PELO QUAL VOCÊ O CHAMA.

OS ANIMAIS TAMBÉM TÊM FAMÍLIA.

UMA CONHECIDA HISTÓRIA INFANTIL FALA DE UMA FAMÍLIA BASTANTE UNIDA.

VAMOS CONHECER A HISTÓRIA DE CACHINHOS DOURADOS E OS TRÊS URSOS? SEU PROFESSOR VAI CONTAR ESSA HISTÓRIA PARA VOCÊ.

OUÇA COM ATENÇÃO.

DEPOIS, RECORTE O QUEBRA-CABEÇA QUE SE ENCONTRA NO FINAL DO VOLUME, MONTE-O E COLE-O NA PÁGINA A SEGUIR. ELE VAI AJUDÁ-LO A RELEMBRAR TODA A HISTÓRIA.

O QUE VOCÊ ACHOU DESSA HISTÓRIA? ELA PODE ENSINAR ALGO A VOCÊ? O QUÊ?

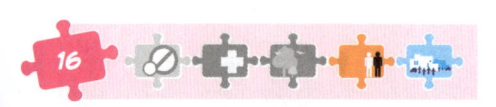

OUTRAS FAMÍLIAS

NAS FAMÍLIAS, HÁ DIFERENTES MODOS DE ORGANIZAR O DIA A DIA. VOCÊ SABIA QUE NA FAMÍLIA INDÍGENA AS TAREFAS SÃO DIVIDIDAS ENTRE OS HOMENS E AS MULHERES? ALGUMAS ATIVIDADES SÃO FEITAS SOMENTE PELAS MULHERES E OUTRAS SOMENTE PELOS HOMENS.

OBSERVE A IMAGEM QUE MOSTRA UMA MULHER INDÍGENA TRABALHANDO.

ELA ESTÁ CONFECCIONANDO UMA PANELA DE CERÂMICA. AS MULHERES TAMBÉM SÃO RESPONSÁVEIS PELAS TAREFAS RELACIONADAS AO PREPARO DOS ALIMENTOS, AO CUIDADO COM AS CRIANÇAS E A ALGUMAS ATIVIDADES NA ROÇA.

Índia fazendo artesanato.

> OS HOMENS SÃO RESPONSÁVEIS PELA DERRUBADA DO MATO PARA A CRIAÇÃO DA ROÇA, PELAS ATIVIDADES DE CAÇA E DE DEFESA, ENTRE OUTRAS.

Homens da Tribo Kaipó em ritual de dança, Altamira (PA).

Índia Kalapalo preparando beiju, espécie de farinha de mandioca assada. Aldeia Aiwa (MT).

> AS CRIANÇAS INDÍGENAS, CHAMADAS DE CURUMINS NA LÍNGUA TUPI, APRENDEM DESDE CEDO AS TAREFAS DO DIA A DIA. É MUITO COMUM VER UMA MENINA AJUDANDO SUA MÃE OU UM MENINO ACOMPANHANDO O PAI EM SEUS AFAZERES.

ATIVIDADE

VOCÊ SABIA QUE É IMITANDO OS MAIS VELHOS QUE MENINOS E MENINAS INDÍGENAS APRENDEM AS ATIVIDADES QUE MAIS TARDE IRÃO DESEMPENHAR COM PERFEIÇÃO?

REPRESENTE UMA SITUAÇÃO APENAS COM GESTOS PARA QUE SEUS COLEGAS TENTEM ADIVINHAR DO QUE SE TRATA. VOCÊ TAMBÉM TENTARÁ ADIVINHAR A REPRESENTAÇÃO DELES.

ESSE JOGO É CONHECIDO PELAS CRIANÇAS INDÍGENAS HÁ MUITO TEMPO...

ALGUNS HÁBITOS INDÍGENAS COMO O DE DORMIR NA REDE, SENTAR DE CÓCORAS, COMER MANDIOCA, MARACUJÁ E PEIXE ASSADO, PINTAR O CORPO, FAZEM PARTE DA NOSSA VIDA.

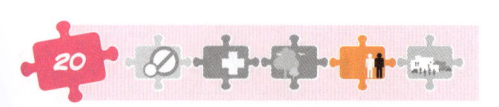

COMO É BOM DORMIR NUMA REDE!

MAS É PRECISO PENDURÁ-LA NAS EXTREMIDADES. COMPLETE O DESENHO COLOCANDO SUPORTE PARA A REDE.

MUITOS NOMES DE PESSOAS TÊM ORIGEM NA LÍNGUA INDÍGENA. VOCÊ CONHECE ALGUMA PESSOA CUJO NOME É DE ORIGEM INDÍGENA? REGISTRE.

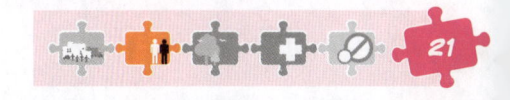

ENCONTRE ESSES NOMES NO CAÇA-PALAVRAS.

ARACI (MÃE DO DIA, ESTRELA D'ALVA)
CAUÃ (GAVIÃO)
IRACEMA (NASCIDA DO MEL)
JANAÍNA (RAINHA DOS LARES)
JUÇARA (PALMEIRA)
MOEMA (AURORA)
UBIRAJARA (SENHOR DA LANÇA)
YARA (SEREIA)
MACUNAÍMA (QUE TRABALHA DE NOITE)

Z	X	A	R	A	C	I	P	O	R	C	H
Y	L	K	Q	X	B	N	D	W	V	A	Ç
I	R	A	C	E	M	A	T	A	D	U	S
U	O	P	F	D	X	G	N	K	L	Ã	B
J	Q	B	R	H	J	A	N	A	Í	N	A
U	K	Z	M	O	E	M	A	K	W	Y	Z
Ç	B	G	Q	R	S	X	V	C	U	E	Y
A	H	J	U	B	I	R	A	J	A	R	A
R	K	L	N	R	Y	P	Ç	Q	B	S	R
A	Q	K	F	R	X	T	M	K	H	D	A
K	Z	C	O	I	A	S	G	L	P	W	X
M	A	C	U	N	A	Í	M	A	W	H	A

OUTROS POVOS VIERAM PARA NOSSO PAÍS E TROUXERAM COSTUMES QUE SE JUNTARAM AOS NOSSOS. DESSES POVOS TAMBÉM HERDAMOS MUITOS NOMES.

COM **ITALIANOS** VIERAM:
GIULIA, FRANCESCO, LEONARDO, ANDRÉA, GIOVANNI, ELENA...

DA **ESPANHA**:
ALFREDO, ALEJANDRO, ALVAREZ, AGUIAR...

DO **JAPÃO**:
AIKI, SHITO, SUZUKI, MASAKO...

DA **ÁFRICA**:
MALIKA, ABORÉ, ABAYOMI, ABÁ...

DA **ARÁBIA**: ABDUL, ALAOR...

VOCÊ CONHECE ALGUÉM QUE TENHA UM NOME DE ORIGEM ITALIANA? QUAL?

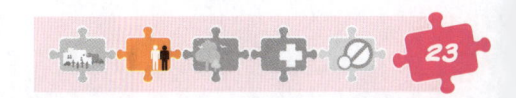

UMA RAÇA DE CACHORRO TEM NOME DE ORIGEM JAPONESA. VOCÊ SABE QUAL É? VEJA A IMAGEM.

É UM

OS IMIGRANTES AFRICANOS

HÁ MUITO TEMPO, OS AFRICANOS VIERAM PARA NOSSO PAÍS, PARA TRABALHAR COMO ESCRAVOS EM NOSSAS LAVOURAS. ERAM FORÇADOS A TRABALHAR, SEM NADA RECEBER.

DEBRET, Jean Baptiste. **Engenho manual que faz caldo de cana**. Séc. XIX. Aquarela sobre papel, 17,9 cm X 24,9 cm. Museus Castro Maya (Rio de Janeiro).

RUGENDAS, Johann Moritz. **Engenho de açúcar**. Séc. XIX.

MUITOS FORAM LEVADOS PARA AS FAZENDAS DE CANA-DE-AÇÚCAR: OS ENGENHOS. NO ENGENHO, OS NEGROS TRABALHAVAM NOS CANAVIAIS, NA PRODUÇÃO DO AÇÚCAR, NA CONSTRUÇÃO DE CERCAS, CELEIROS, MOENDAS E NO TRANSPORTE DO AÇÚCAR ATÉ OS NAVIOS.

AS MULHERES NEGRAS, TAMBÉM ESCRAVAS, TRABALHAVAM NA CASA-GRANDE, A MORADIA DO SENHOR E SUA FAMÍLIA.

HOJE, OS NEGROS QUE VIVEM EM NOSSO PAÍS SÃO CHAMADOS DE **AFRODESCENDENTES**, OU SEJA, DESCENDENTES DO CONTINENTE AFRICANO.

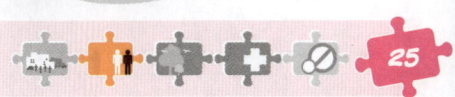

ATIVIDADE

RECORTE IMAGENS DE NEGROS BRASILEIROS CONHECIDOS PELO TRABALHO QUE FAZEM OU FIZERAM E COLE NO ESPAÇO A SEGUIR.

MAIS TARDE, QUANDO HOUVE A ABOLIÇÃO DA ESCRAVATURA, ISTO É, QUANDO ACABOU O REGIME ESCRAVO, O GOVERNO INCENTIVOU A ENTRADA DE OUTROS IMIGRANTES PARA AQUI TRABALHAREM E PRODUZIREM.

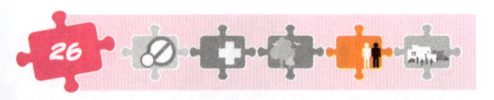

IMIGRANTES

PESSOAS DE OUTROS PAÍSES QUE VIERAM PARA O NOSSO PAÍS. FORAM MILHARES DE ITALIANOS, ALEMÃES, POLONESES, JAPONESES, ENTRE OUTROS.

NO FUNDO, TODOS NÓS BRASILEIROS TEMOS EM NOSSA ORIGEM UM POUCO DE ALGUM DESSES POVOS! A POPULAÇÃO DO BRASIL É UMA MISTURA DE DIFERENTES **ETNIAS**.

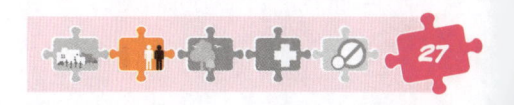

ATIVIDADE

HOJE EM DIA, AINDA MUITOS POVOS DIFERENTES CHEGAM A NOSSO PAÍS EM BUSCA DE OPORTUNIDADES, COMO OS COREANOS, QUE VEMOS DESTACANDO-SE NO COMÉRCIO, VENDENDO PRODUTOS DOS MAIS VARIADOS TIPOS, DESDE ALIMENTOS, CALÇADOS, VESTUÁRIO (ROUPAS E ACESSÓRIOS) ATÉ ARTIGOS ELETRÔNICOS.

1 – RECORTE E COLE FIGURAS DE PESSOAS DE DIFERENTES LUGARES QUE VIVEM EM NOSSO PAÍS, FAZENDO UMA COLAGEM MALUCA COM PARTES DE SEUS CORPOS, CRIANDO NOVOS PERSONAGENS E, COM ISSO, ILUSTRANDO A FRASE:

TEMOS UM PAÍS DE MÚLTIPLAS CORES E SABORES.

2 – VAMOS COMPLETAR O DIAGRAMA A SEGUIR COM OS NOMES DE ALGUNS POVOS QUE VIERAM PARA O BRASIL? COLOQUE AO LADO DO NOME DESSES POVOS O NOME DO PAÍS DE ONDE SAÍRAM.

PORTUGUESES VIERAM DE ▶ PORTUGAL

ITALIANOS VIERAM DA ▶

ESPANHÓIS VIERAM DA ▶

JAPONESES VIERAM DO ▶

FRANCESES VIERAM DA ▶

HOLANDESES VIERAM DA ▶

ALEMÃES VIERAM DA ▶

COREANOS VIERAM DA ▶

3 – OBSERVE BEM AS LETRAS NO QUADRO A SEGUIR. ELIMINE AS LETRAS **M**, **G**, **L** E **B** E DESCUBRA DE QUE CONTINENTE PARTIRAM OS ESCRAVOS QUE VIERAM TRABALHAR NO BRASIL.

B	Á	L	F	M	G
R	G	M	B	I	L
M	B	C	G	L	B
G	L	A	B	M	G

O NOME DO CONTINENTE É:

OS NEGROS ESCRAVIZADOS VIERAM PARA CÁ EM GRANDES NAVIOS, CHAMADOS DE **NAVIOS NEGREIROS**.

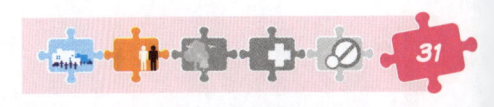

DEVEAU, Jean Michel. **Navio para tráfico de escravos.** Século XVIII.

CURIOSIDADE SOBRE IMIGRANTES NO BRASIL

VOCÊ SABIA QUE EM MUITAS CIDADES BRASILEIRAS ENCONTRAMOS IMIGRANTES QUE ATÉ HOJE MANTÊM SUAS TRADIÇÕES COM GRANDES FESTAS TÍPICAS?

NA CIDADE DE BLUMENAU, EM SANTA CATARINA, OS ALEMÃES.

Arquitetura alemã, em Blumenau (SC).

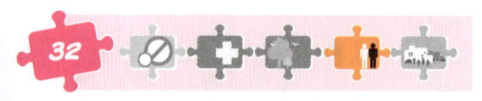

Arquitetura holandesa na Expoflora, em Holambra (SP).

NA CIDADE DE HOLAMBRA, EM SÃO PAULO E EM CASTRO NO PARANÁ, OS HOLANDESES.

Moinho em Castro (PR).

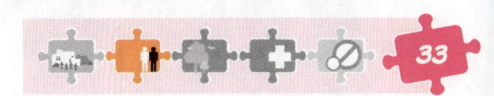

NO BAIRRO DA LIBERDADE, NA CIDADE DE SÃO PAULO, OS JAPONESES.

Bairro da Liberdade (SP).

E NO BAIRRO DO BIXIGA, EM SÃO PAULO, OS ITALIANOS.

Presença da cultura italiana na arquitetura da Vila Távola, na rua Treze de Maio, Bairro Bixiga (SP).

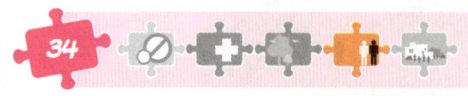

OS SUÍÇOS SE FIXARAM EM NOVA FRIBURGO, NO ESTADO DO RIO DE JANEIRO...

Nova Friburgo (RJ).

E NA CIDADE DE CURITIBA E ARREDORES, OS POLONESES.

Lambrequins, herança polonesa em Curitiba (PR).

ATIVIDADE

VAMOS VESTIR OS PERSONAGENS COM TRAJES TÍPICOS DOS POVOS QUE VIERAM PARA NOSSO PAÍS. ESCOLHA OS TRAJES TÍPICOS DE DUAS ETNIAS, NO FINAL DO LIVRO, E VISTA SEUS DOIS BONECOS. DEPOIS CONTE AOS COLEGAS QUAIS ETNIAS ESCOLHEU E MOSTRE SEUS BONECOS.

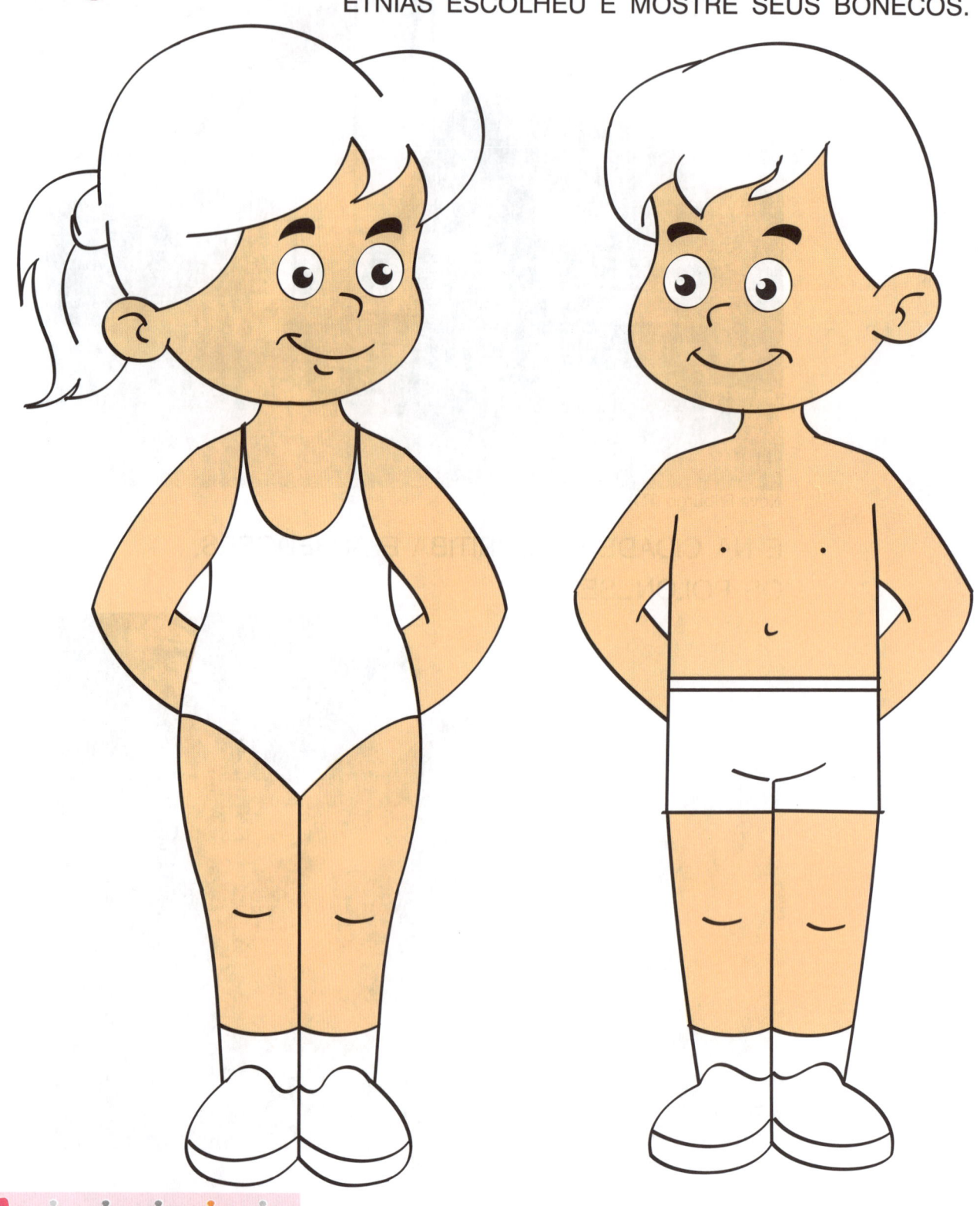

UNIDADE 2 — PENSANDO SOBRE O PLANETA

AMÉRICA DO NORTE · ÁSIA · ÁFRICA · AMÉRICA DO SUL · AUSTRÁLIA · ANTÁRTIDA

SOMOS TODOS IGUAIS.

"A TERRA É AZUL!"
FOI O QUE DISSE, EM 1961, O ASTRONAUTA RUSSO YURI GAGARIN, O PRIMEIRO HOMEM A VER NOSSO PLANETA DO ESPAÇO.

A TERRA É AZUL POR CAUSA DOS OCEANOS QUE RECOBREM A SUPERFÍCIE DO PLANETA.

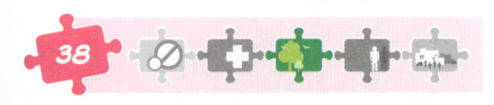

A ÁGUA É MUITO IMPORTANTE PARA A VIDA NO NOSSO PLANETA.

TODOS OS SERES VIVOS DEPENDEM DELA PARA VIVER.

VOCÊ SABIA QUE, SEM ÁGUA, O PLANETA SERIA UMA IMENSIDÃO SEM VIDA?

A ÁGUA É UM RECURSO QUE DEVE SER CUIDADO PARA QUE NÃO ACABE.

ATIVIDADE VAMOS COLORIR O DESENHO.

ESSE DESENHO REPRESENTA UMA ATITUDE CORRETA EM RELAÇÃO AO USO DA ÁGUA.
QUE ATITUDE É ESSA? REGISTRE ABAIXO.

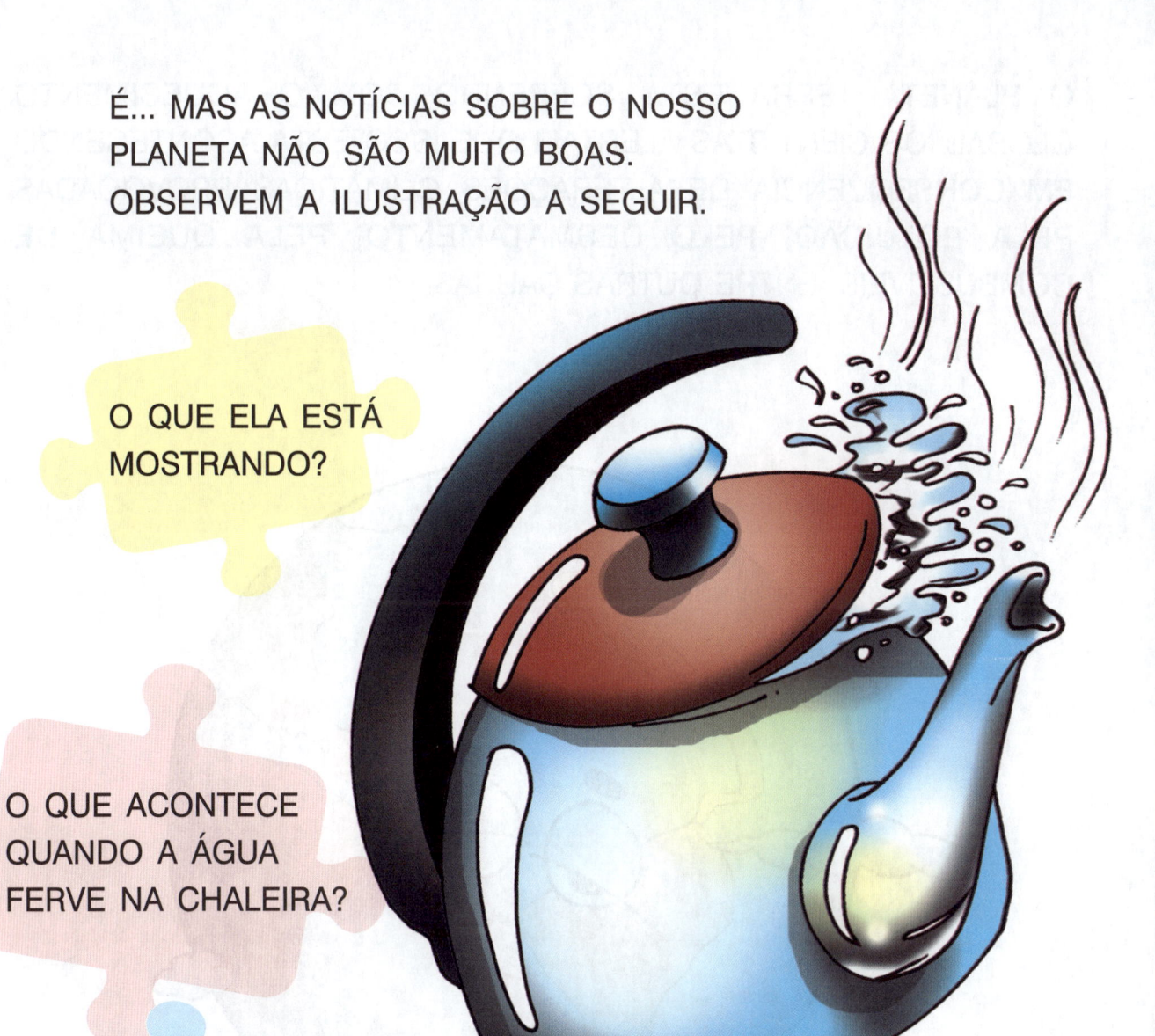

É... MAS AS NOTÍCIAS SOBRE O NOSSO PLANETA NÃO SÃO MUITO BOAS. OBSERVEM A ILUSTRAÇÃO A SEGUIR.

O QUE ELA ESTÁ MOSTRANDO?

O QUE ACONTECE QUANDO A ÁGUA FERVE NA CHALEIRA?

QUAL É O PERIGO?

QUE CUIDADOS DEVEMOS TER?

IMAGINE O NOSSO PLANETA AQUECENDO DESSA FORMA. O QUE PODERIA ACONTECER A TODOS OS SEUS HABITANTES?

O PLANETA TERRA ESTÁ SOFRENDO COM O AQUECIMENTO GLOBAL. OS CIENTISTAS ALERTAM QUE ISSO ESTÁ ACONTECENDO EM CONSEQUÊNCIA DE ALTERAÇÕES CLIMÁTICAS PROVOCADAS PELA POLUIÇÃO, PELO DESMATAMENTO, PELA QUEIMA DE COMBUSTÍVEIS, ENTRE OUTRAS CAUSAS.

DEVIDO AO AQUECIMENTO, AS ÁGUAS CONGELADAS DO PLANETA ESTÃO DEGELANDO, COMO SE PODE OBSERVAR NA IMAGEM ABAIXO.

Degelo na Antártida.

OS URSOS-POLARES E OS PINGUINS VIVEM EM REGIÕES GELADAS.

O URSO-POLAR VIVE NO POLO NORTE, E OS PINGUINS, NO POLO SUL.
TANTO OS URSOS QUANTO OS PINGUINS ESTÃO COMEÇANDO A SOFRER COM O DERRETIMENTO DAS GELEIRAS.

ATIVIDADE

AJUDE OS URSOS-POLARES A CHEGAR EM UM LUGAR SEGURO, POIS FICARAM SOBRE UM BLOCO DE GELO QUE SE SOLTOU DO CONTINENTE.

PLANTANDO ÁRVORES NÓS PODEMOS CONTRIBUIR NO COMBATE AO AQUECIMENTO GLOBAL. SABE POR QUÊ?

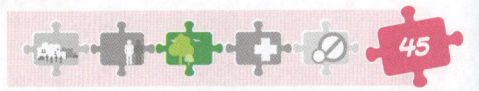

AS PLANTAS MELHORAM A QUALIDADE DO AR.

DÃO ABRIGO PARA ANIMAIS.

E EVITAM A EROSÃO DO SOLO.

ATIVIDADE

NO DESENHO DA DIREITA HÁ 7 DIFERENÇAS EM RELAÇÃO AO DA ESQUERDA. ENCONTRE-AS.
DEPOIS, ESCREVA UMA FRASE SOBRE O EXEMPLO QUE O MENINO ESTÁ DANDO.

UMA BOA IDEIA...

QUE TAL COLETAR SEMENTES DE ÁRVORES?

COLE AQUI AS SEMENTES!

SEPARE ALGUMAS SEMENTES PARA COLAR NA PÁGINA DE SEU LIVRO. PLANTE AS OUTRAS EM PEQUENOS VASOS. QUANDO AS MUDAS NASCEREM E CHEGAREM NA IDADE DE PLANTIO, SERÁ PRECISO ENCONTRAR UM LUGAR ADEQUADO PARA REPLANTÁ-LAS.

COLE AQUI AS SEMENTES!

VAMOS ABRAÇAR ESSA CAMPANHA?

UNIDADE 3 — PENSANDO SOBRE OUTRAS COISAS

VOCÊ SABE O QUE SIGNIFICA A PALAVRA RESPONSABILIDADE?

CONVERSE SOBRE ISSO COM SEUS COLEGAS E PROFESSOR.

QUANDO ERA BEBÊ, VOCÊ PRECISAVA DE AJUDA PARA TUDO.

HOJE, HÁ MUITAS COISAS QUE VOCÊ PODE FAZER SOZINHO, SEM AJUDA. HÁ OUTRAS, PORÉM, PARA AS QUAIS VOCÊ AINDA PRECISA DO AUXÍLIO DE OUTRA PESSOA. E HOJE, TAMBÉM, VOCÊ JÁ PODE AJUDAR OS OUTROS EM MUITAS COISAS.

VOCÊ CONCORDA? ENTÃO CONTE PARA OS COLEGAS NO QUE VOCÊ AINDA PRECISA DE AJUDA E NO QUE VOCÊ JÁ PODE AJUDAR. ESCUTE O QUE ELES VÃO CONTAR.

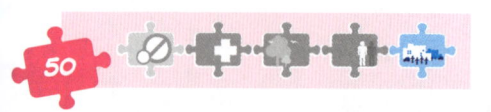

ATIVIDADE

PINTE AS CENAS QUE MOSTRAM ATIVIDADES QUE VOCÊ REALIZA EM SUA CASA.

À MEDIDA QUE VOCÊ FICA MAIS RESPONSÁVEL POR SI MESMO E POR SUAS COISAS, AS PESSOAS PASSAM A CONTAR COM VOCÊ PARA REALIZAR OUTRAS TAREFAS. E, QUANDO CRESCER, SERÁ CAPAZ DE ASSUMIR MAIS RESPONSABILIDADES NA VIDA.

NOSSO PAÍS É MUITO GRANDE. OBSERVE O BRASIL NA AMÉRICA DO SUL. COMPARE O SEU TAMANHO COM O DOS OUTROS PAÍSES, DESSE CONTINENTE.

Fonte: Adaptado do **Atlas geográfico escolar**. Rio de Janeiro: IBGE, 2002. p.47. Base Cartográfica Adaptada do IBGE, 2002.

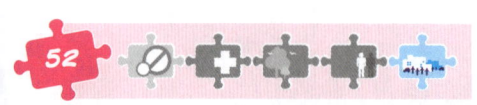

PARA GOVERNAR NOSSO PAÍS É PRECISO UMA GRANDE EQUIPE DE PESSOAS. SÃO OS NOSSOS GOVERNANTES.

O GOVERNO É RESPONSÁVEL PELA

SAÚDE.

EDUCAÇÃO.

SEGURANÇA.

CONSTRUÇÃO DE ESTRADAS.

TRANSPORTE DA POPULAÇÃO.

ENERGIA ELÉTRICA.

ABASTECIMENTO DE ÁGUA.

É TAMBÉM RESPONSÁVEL PELA APLICAÇÃO DAS LEIS.

O GOVERNO FEDERAL É REPRESENTADO PELO PRESIDENTE DO PAÍS. QUEM É O PRESIDENTE DO BRASIL?

PROCURE, EM JORNAIS OU REVISTAS, UMA FOTO DO PRESIDENTE DO BRASIL E COLE ABAIXO.

OS ESTADOS SÃO GOVERNADOS PELOS GOVERNADORES.

O NOME DO ESTADO EM QUE VOCÊ MORA É

ESCREVA O NOME DO GOVERNADOR DO SEU ESTADO.

OS MUNICÍPIOS SÃO GOVERNADOS PELOS PREFEITOS.

O NOME DO MUNICÍPIO OU DA CIDADE EM QUE VOCÊ MORA É

ESCREVA O NOME DO PREFEITO DA SUA CIDADE.

OBSERVE, A SEGUIR, O MAPA DO BRASIL. LOCALIZE E PINTE O ESTADO ONDE VOCÊ MORA.

Mapa do Brasil

- RORAIMA
- AMAPÁ
- ILHA DE MARAJÓ
- AMAZONAS
- PARÁ
- MARANHÃO
- CEARÁ
- RIO GRANDE DO NORTE
- PARAÍBA
- PIAUÍ
- PERNAMBUCO
- ACRE
- ALAGOAS
- SERGIPE
- RONDÔNIA
- TOCANTINS
- BAHIA
- MATO GROSSO
- DF
- Brasília
- GOIÁS
- MINAS GERAIS
- MATO GROSSO DO SUL
- ESPÍRITO SANTO
- SÃO PAULO
- RIO DE JANEIRO
- PARANÁ
- SANTA CATARINA
- RIO GRANDE DO SUL
- LAGOA DOS PATOS

56

A PREFEITURA É RESPONSÁVEL PELOS SERVIÇOS PÚBLICOS DO MUNICÍPIO.

ESSES SERVIÇOS SÃO MANTIDOS COM OS IMPOSTOS E TAXAS PAGOS PELOS HABITANTES.

A APLICAÇÃO DOS RECURSOS DOS IMPOSTOS E TAXAS DEVE SER FISCALIZADA POR TODOS OS CIDADÃOS.

COMO ESTÃO ESSES SERVIÇOS EM SUA CIDADE?

COLETA DE LIXO	LIMPEZA E CONSERVAÇÃO DAS RUAS	ILUMINAÇÃO
SEGURANÇA	ESCOLA	POSTOS DE SAÚDE

ENTRE OUTROS.

CIDADES BEM ORGANIZADAS, COM BOA ADMINISTRAÇÃO, BONS SERVIÇOS SÃO PROCURADAS PELAS PESSOAS PARA VIVER E TRABALHAR. SÃO PROCURADAS, TAMBÉM, POR PESSOAS OU GRUPOS INTERESSADOS EM INVESTIR SEUS RECURSOS EM INDÚSTRIAS, COMÉRCIO, O QUE GERA MAIS EMPREGO PARA TODOS.

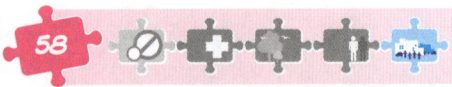

O CONJUNTO DA POPULAÇÃO DOS MUNICÍPIOS DO NOSSO PAÍS FORMA A SOCIEDADE BRASILEIRA.

EM SOCIEDADE TEMOS DEVERES PARA CUMPRIR E DIREITOS QUE DEVEM SER RESPEITADOS.

OS DEVERES EXISTEM PARA ORGANIZAR A VIDA EM COMUNIDADE E OS DIREITOS EXISTEM PARA QUE CADA UM DE NÓS TENHA UMA VIDA DIGNA E DECENTE.

DIREITO À VIDA, AO TRABALHO, À LIBERDADE.

OS DIREITOS DA CRIANÇA

AS CRIANÇAS TÊM DIREITOS SÓ PARA ELAS.

1. A CRIANÇA DEVE TER CONDIÇÕES PARA DESENVOLVER-SE FÍSICA, MENTAL, MORAL E SOCIALMENTE, COM LIBERDADE E DIGNIDADE.

2. A CRIANÇA TEM DIREITO A UM NOME E A UMA NACIONALIDADE, DESDE O NASCIMENTO.

3. A CRIANÇA TEM DIREITO À ALIMENTAÇÃO, MORADIA, LAZER E SERVIÇOS MÉDICOS.

4. A CRIANÇA PREJUDICADA FÍSICA OU MENTALMENTE DEVE RECEBER TRATAMENTO, EDUCAÇÃO E CUIDADOS ESPECIAIS.

5. A CRIANÇA DEVE CRESCER AMPARADA POR SEUS PAIS E SOB SUA RESPONSABILIDADE NUM AMBIENTE DE AFETO E SEGURANÇA.

6. A CRIANÇA TEM DIREITO A RECEBER EDUCAÇÃO GRATUITA E OBRIGATÓRIA, AO MENOS NAS ETAPAS ELEMENTARES.

7. A CRIANÇA, EM TODAS AS CIRCUNSTÂNCIAS, DEVE ESTAR ENTRE OS PRIMEIROS A RECEBER PROTEÇÃO E SOCORRO.

8. A CRIANÇA DEVE SER PROTEGIDA CONTRA TODA FORMA DE ABANDONO E EXPLORAÇÃO. NÃO DEVERÁ TRABALHAR ANTES DE UMA IDADE MÍNIMA.

9. A CRIANÇA DEVE SER PROTEGIDA CONTRA PRÁTICAS DE DISCRIMINAÇÃO RACIAL, RELIGIOSA OU DE QUALQUER ÍNDOLE.

10. A CRIANÇA DEVE SER EDUCADA NUM ESPÍRITO DE COMPREENSÃO, TOLERÂNCIA, AMIZADE, FRATERNIDADE E PAZ ENTRE OS POVOS.

ATIVIDADE

A CRIANÇA TEM O DIREITO DE BRINCAR.

AS BRINCADEIRAS AJUDAM AS CRIANÇAS A CRESCEREM SAUDÁVEIS E FORTALECEREM A AMIZADE. UMA BRINCADEIRA MUITO GOSTOSA É O JOGO DE PETECA.

VOCÊ JÁ BRINCOU COM PETECA?

VOCÊ SABIA QUE OS PRIMEIROS JOGADORES DE PETECA FORAM INDÍGENAS DA TRIBO "TUPI"? ELES CONFECCIONAVAM PETECAS COM PALHA DE MILHO, COM ENCHIMENTO DE AREIA OU SERRAGEM E COM PENAS DE GALINHA.

OS INDÍGENAS PRATICAVAM O JOGO DA PETECA DURANTE CELEBRAÇÕES JUNTAMENTE COM DANÇAS E CANTOS. COM O PASSAR DO TEMPO, ESTA BRINCADEIRA SE TRANSFORMOU EM UM JOGO PROPRIAMENTE DITO.

VAMOS CONFECCIONAR UMA PETECA COM PALHA DE MILHO?
SEU PROFESSOR IRÁ AJUDÁ-LO, MÃOS À OBRA E À BRINCADEIRA!

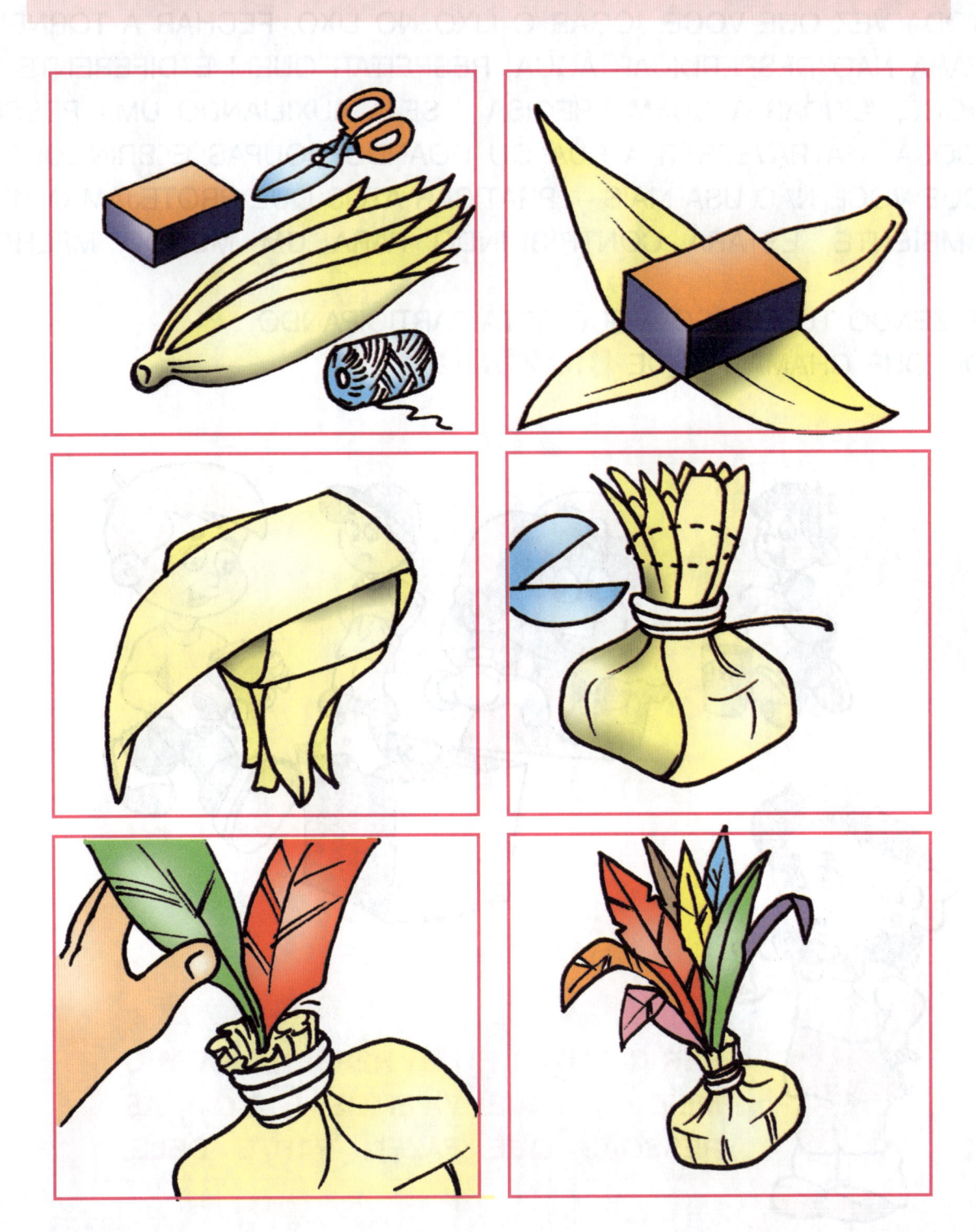

ATIVIDADE — SENDO UM BOM CIDADÃO

TODA VEZ QUE VOCÊ JOGAR O LIXO NO LIXO, FECHAR A TORNEIRA PARA NÃO DESPERDIÇAR ÁGUA, RESPEITAR QUEM É DIFERENTE DE VOCÊ, AJUDAR A QUEM PRECISA – SEJA AUXILIANDO UMA PESSOA IDOSA A ATRAVESSAR A RUA OU DOANDO ROUPAS E BRINQUEDOS QUE VOCÊ NÃO USA MAIS –, PRATICAR ATOS QUE PROTEJAM O MEIO AMBIENTE, ESTARÁ CONTRIBUINDO PARA UM MUNDO MELHOR.

FAZENDO TUDO ISSO, VOCÊ ESTÁ PARTICIPANDO DO QUE CHAMAMOS DE **CIDADANIA**.

SER CIDADÃO É TER RESPEITO COM O MEIO EM QUE VIVEMOS E COM AS PESSOAS QUE FAZEM PARTE DELE.

UNIDADE 4

PENSANDO SOBRE SAÚDE

HÁBITOS DE VIDA SAUDÁVEIS SÃO CONDIÇÃO PARA UMA BOA SAÚDE.

VEJA ALGUNS CUIDADOS IMPORTANTES PARA A CONSERVAÇÃO DA SAÚDE.

NÃO ESQUECER DE **LAVAR AS MÃOS** DEPOIS DE IR AO BANHEIRO E ANTES DE COMER. É INDISPENSÁVEL PARA NÃO DEIXAR CHEGAR ATÉ A BOCA OS MICRÓBIOS QUE ESTÃO POR ENTRE A SUJEIRA.

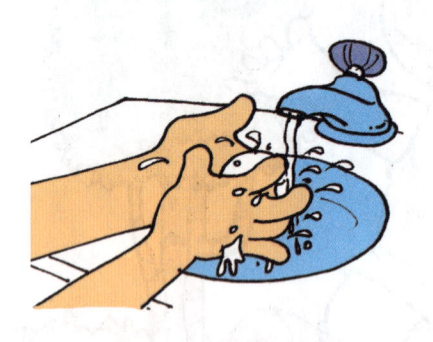

TOMAR **BANHO** É OUTRO HÁBITO ESSENCIAL. NOSSO CORPO ACUMULA SUJEIRA DURANTE TODO O DIA E É PRECISO TOMAR BANHO ANTES DE DEITAR PARA QUE OS MICRÓBIOS NÃO DEITEM COM VOCÊ.

NÃO SE PODE ESQUECER DE **ESCOVAR OS DENTES** DEPOIS DAS REFEIÇÕES! A CÁRIE É UM INIMIGO À ESPERA DA SUJEIRA ACUMULADA NOS DENTES.

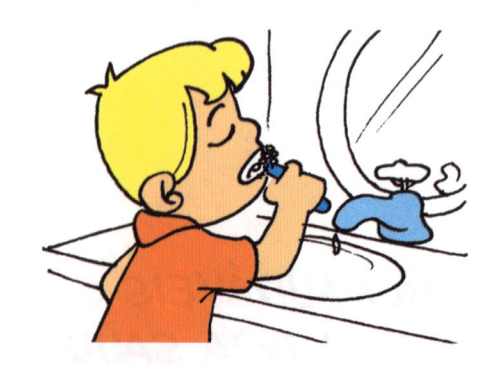

QUANDO **COMBATEMOS A POLUIÇÃO E A SUJEIRA** DO AMBIENTE ONDE VIVEMOS, ESTAMOS PRESERVANDO A SAÚDE E EVITANDO AS DOENÇAS.

ATIVIDADE

NO FINAL DO LIVRO HÁ UMA FOLHA COM SELOS SOBRE HIGIENE QUE FORMAM UM JOGO DA MEMÓRIA. RECORTE OS SELOS, COLE-OS EM UM PAPEL MAIS GROSSO PARA QUE DUREM MAIS. MÃOS À OBRA! DEPOIS, É SÓ BRINCAR!

A HIGIENE DOS ESPAÇOS ONDE VIVEMOS, DOS OBJETOS E UTENSÍLIOS TAMBÉM É IMPORTANTE PARA A CONSERVAÇÃO DE NOSSA SAÚDE.

COMO É SEU QUARTO?

VOCÊ MANTÉM SEU QUARTO ARRUMADO E BEM LIMPO?

OBSERVE A CENA A SEGUIR. QUE BAGUNÇA!

ACABE COM A BAGUNÇA!

NO FINAL DO LIVRO VOCÊ ENCONTRA OS OBJETOS QUE ESTAVAM FORA DO LUGAR NA CENA ANTERIOR. RECORTE-OS E COLE-OS NOS DEVIDOS LUGARES.

DEIXE TUDO
MUITO BEM ARRUMADO!

FIQUE SABENDO

É DEVER DO GOVERNO GARANTIR SERVIÇOS DE SAÚDE GRATUITOS A TODA A POPULAÇÃO.

ATIVIDADE

MARQUE UM X NOS SERVIÇOS QUE ENCONTRAMOS NUM POSTO DE SAÚDE:

☐ ATENDIMENTO MÉDICO
☐ ATENDIMENTO ODONTOLÓGICO
☐ MEDICAMENTOS GRÁTIS
☐ OUTROS

HÁ UM POSTO DE SAÚDE PERTO DE SUA CASA?

SUA FAMÍLIA COSTUMA UTILIZAR OS SERVIÇOS DESSE POSTO?

QUAIS DESSES SERVIÇOS VOCÊ OU SUA FAMÍLIA JÁ UTILIZARAM?

VOCÊS FORAM BEM ATENDIDOS?

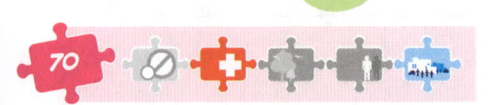

É IMPORTANTE SABER QUE EXISTEM PESSOAS QUE TRABALHAM PARA QUE OUTRAS PESSOAS TENHAM SAÚDE.

O POSTO DE SAÚDE É, TAMBÉM, LOCAL ONDE SÃO APLICADAS VACINAS EM CRIANÇAS, JOVENS E ADULTOS.

A VACINAÇÃO É A MANEIRA MAIS EFICAZ DE SE PREVENIREM DIVERSAS DOENÇAS.

AO SE VACINAR, A PESSOA PASSA A TER PROTEÇÃO CONTRA ESSAS DOENÇAS.

COM A AJUDA DE SEUS PAIS, CIRCULE AS DOENÇAS CONTRA AS QUAIS VOCÊ JÁ TOMOU VACINA.

TUBERCULOSE	HEPATITE	DIFTERIA	TÉTANO	RUBÉOLA
PARALISIA INFANTIL	COQUELUCHE	MENINGITE	SARAMPO	CAXUMBA

TODAS ESSAS VACINAS DEVEM SER TOMADAS ATÉ OS 6 ANOS.

QUANTOS ANOS VOCÊ TEM?

SUAS VACINAS ESTÃO EM DIA?

SIM   NÃO

CUIDADO COM OS PRODUTOS DE LIMPEZA

CASA LIMPA FAZ BEM À SAÚDE! COM CERTEZA DEVEMOS MANTER NOSSA CASA SEMPRE BEM LIMPA. MAS É PRECISO MUITO CUIDADO COM OS PRODUTOS DE LIMPEZA.

HÁ MUITOS PRODUTOS QUE, APESAR DE ÚTEIS E NECESSÁRIOS, SÃO PERIGOSOS E PODEM CAUSAR MAL À SAÚDE.

CUIDADO COM ESSES PRODUTOS!

NÃO INGERIR!
NÃO CHEIRAR!
SE CAIR NOS OLHOS, LAVE-OS IMEDIATAMENTE!
SÃO CHAMADOS DE PRODUTOS TÓXICOS, POIS FAZEM MAL AO CORPO E TAMBÉM AO MEIO AMBIENTE.

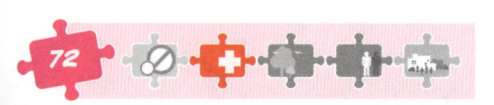

AS APARÊNCIAS ENGANAM!

NÃO SÃO FLOCOS DE NEVE NEM FLOCOS DE ALGODÃO! POBRE RIO! ESSA ESPUMA QUE APARECE NA FOTO DO RIO FOI PROVOCADA POR PRODUTOS DE LIMPEZA!

Espuma provocada por detergente no rio Tietê, Santana do Parnaíba (SP).

VOCÊ SABIA...

QUE OS DETERGENTES, ÓLEOS DE COZINHA, ÓLEOS DE AUTOMÓVEIS, GASOLINA, PRODUTOS QUÍMICOS USADOS EM INDÚSTRIAS, TINTAS, METAIS PESADOS (CHUMBO, ZINCO, ALUMÍNIO E MERCÚRIO) POLUEM NOSSOS RIOS E MARES E PREJUDICAM A VIDA DOS ANIMAIS QUE VIVEM NELES?

ATIVIDADE

PINTE A ILUSTRAÇÃO E ESCREVA UMA FRASE SOBRE O CUIDADO QUE DEVEMOS TER PARA PRESERVARMOS OS NOSSOS RIOS.

UNIDADE 5 — PENSANDO SOBRE O TRÂNSITO

VOCÊ JÁ FICOU EM UM LUGAR ALTO OBSERVANDO O MOVIMENTO DAS RUAS?

PESSOAS INDO E VINDO, CARROS, O TRÂNSITO, O BARULHO DAS BUZINAS, PESSOAS QUE SAEM PARA TRABALHAR, FAZER COMPRAS, LEVAR OS FILHOS PARA A ESCOLA, IR AO MÉDICO, AO DENTISTA ENTRE OUTROS MOTIVOS...

COM TANTAS IDAS E VINDAS, O TRÂNSITO FICOU COMPLICADO, NÃO É MESMO?

PARA QUE TODO ESSE MOVIMENTO FIQUE ORGANIZADO E OS PEDESTRES E MOTORISTAS TENHAM SEGURANÇA, EXISTEM REGRAS QUE DEVEM SER SEGUIDAS.

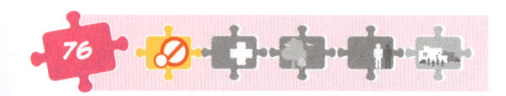

LIGUE A INFORMAÇÃO À IMAGEM CORRESPONDENTE:

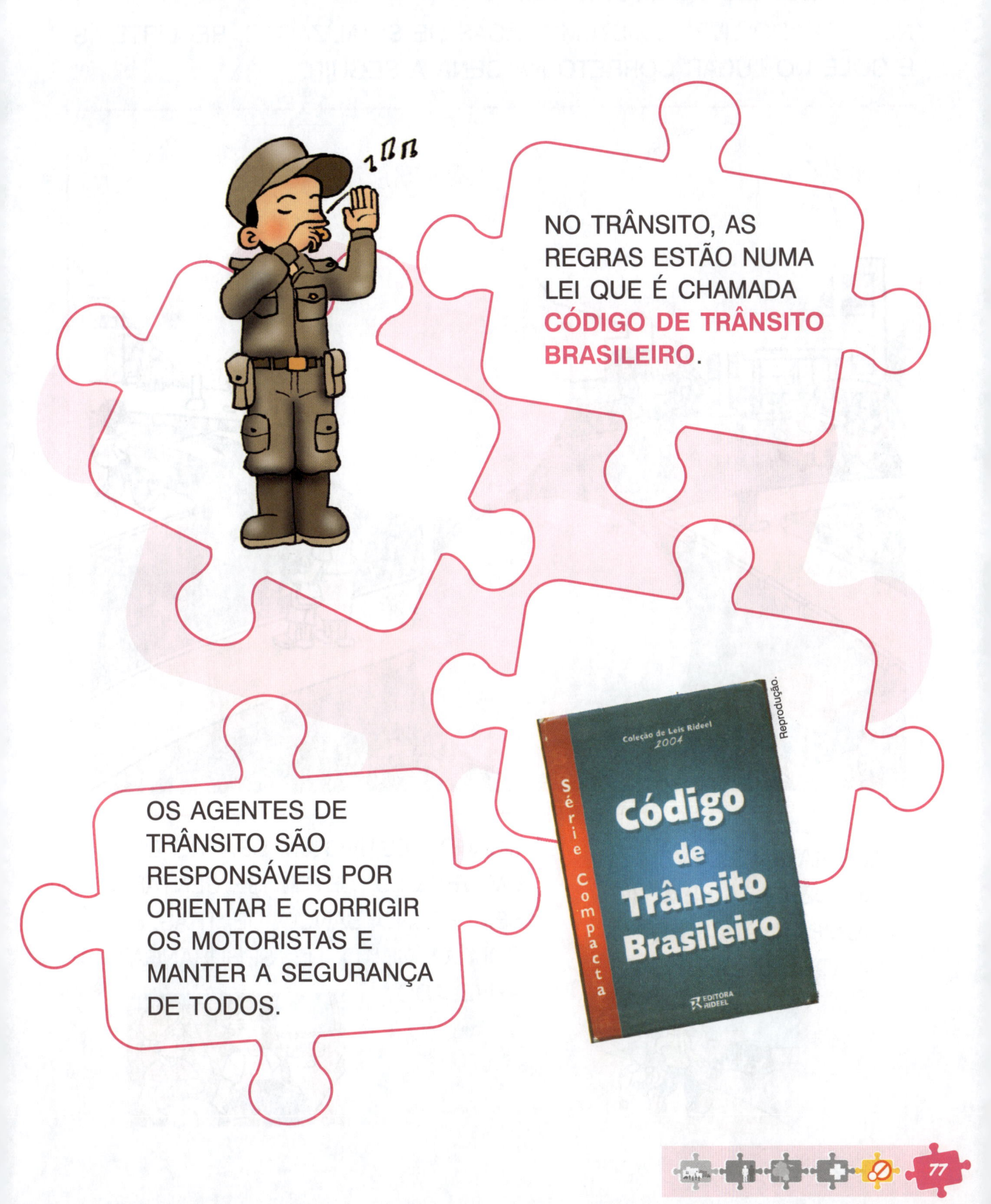

NO TRÂNSITO, AS REGRAS ESTÃO NUMA LEI QUE É CHAMADA **CÓDIGO DE TRÂNSITO BRASILEIRO**.

OS AGENTES DE TRÂNSITO SÃO RESPONSÁVEIS POR ORIENTAR E CORRIGIR OS MOTORISTAS E MANTER A SEGURANÇA DE TODOS.

A SINALIZAÇÃO DO TRÂNSITO SERVE PARA ORIENTAR E PROTEGER OS PEDESTRES E MOTORISTAS.

NO FINAL DO LIVRO EXISTEM PLACAS DE SINALIZAÇÃO, RECORTE-AS E COLE NO LUGAR CORRETO NA CENA A SEGUIR.

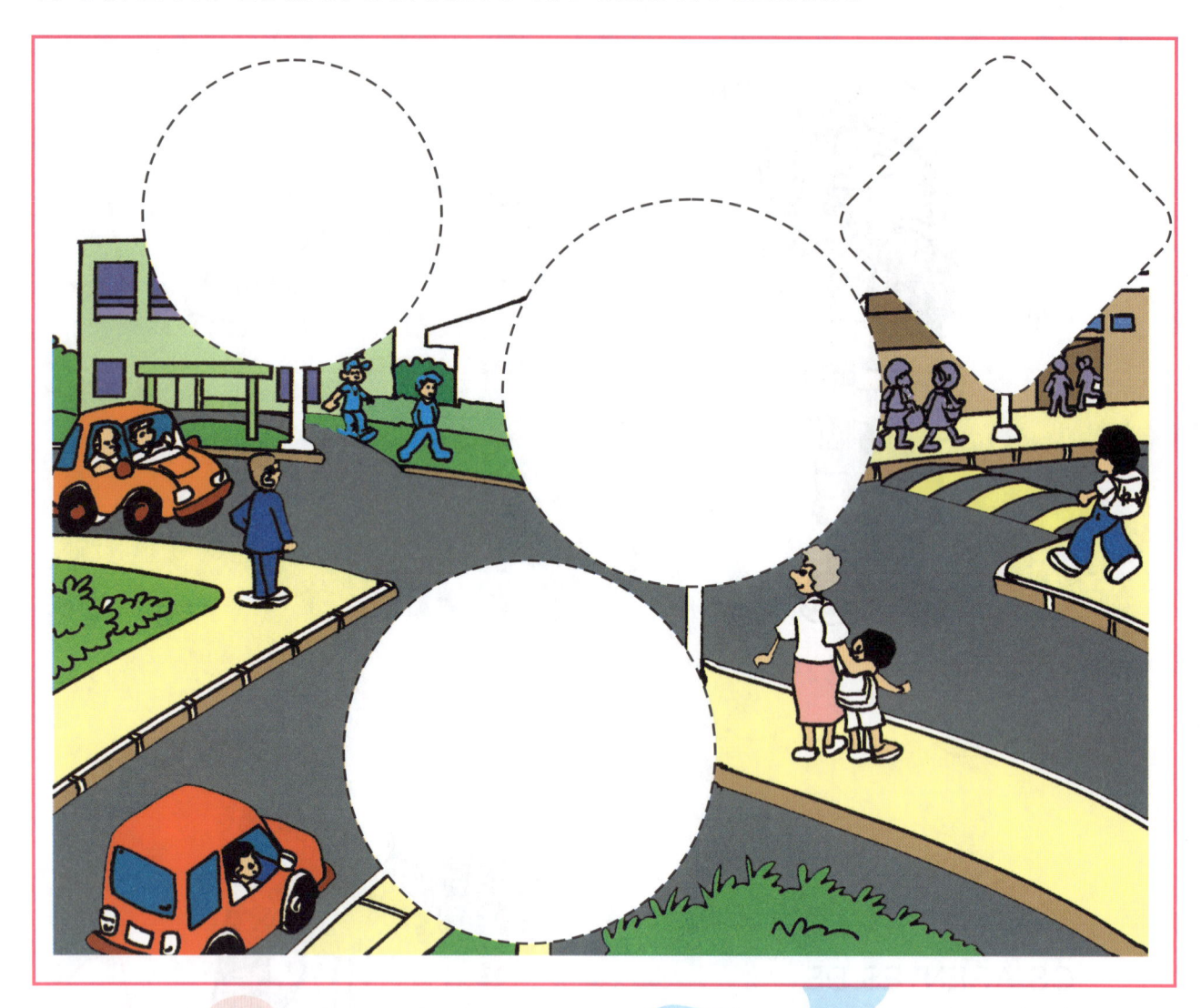

AS CRIANÇAS DEVEM SAIR DE CASA SEMPRE ACOMPANHADAS POR UM ADULTO.

QUANDO ESTIVEREM DENTRO DE UM VEÍCULO, DEVEM SE SENTAR SEMPRE NO BANCO DE TRÁS E COM O CINTO DE SEGURANÇA AFIVELADO.

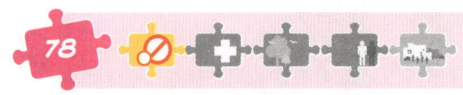

ATIVIDADE

COMPLETE O DESENHO, COLANDO PALITOS PARA REPRESENTAR A FAIXA DE SEGURANÇA PARA PEDESTRES. DEPOIS, PINTE O DESENHO.

SEMPRE ATRAVESSE NA FAIXA DE SEGURANÇA E OLHE PARA OS DOIS LADOS DA RUA ANTES DE ATRAVESSAR.

RESPONDA:

O QUE A ILUSTRAÇÃO ESTÁ ENSINANDO DE FUNDAMENTAL NO TRÂNSITO?

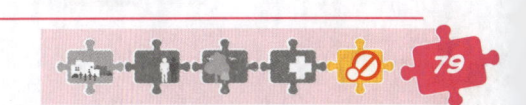

PARE, OBSERVE E REFLITA...

O QUE VOCÊ ACHA QUE ESTÁ ACONTECENDO NESSA CIDADE MALUCA?

VOCÊ ACHA POSSÍVEL VIVERMOS NUMA SITUAÇÃO COMO ESSA? POR QUÊ?

VOCÊ ACHA CORRETO MOTORISTAS NÃO RESPEITANDO UNS AOS OUTROS? NÃO RESPEITANDO AS LEIS E NORMAS DE TRÂNSITO?

O QUE É PRECISO ACONTECER NESSA CIDADE MALUCA?

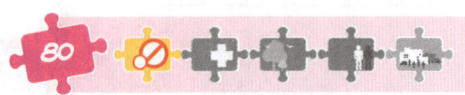

O QUE ESTÁ FALTANDO PARA ESTABELECER A ORDEM?

MAS NEM TUDO É CAOS QUANDO SE TRATA DE PROGRESSO NAS CIDADES.
O PROGRESSO E O CRESCIMENTO DAS CIDADES TRAZEM TAMBÉM MAIS TRABALHO PARA TODOS.
PARA O CRESCIMENTO DE UM PAÍS E DE SUA ECONOMIA, É IMPORTANTE QUE AS PESSOAS TENHAM OCUPAÇÕES, QUE TENHAM TRABALHO.
TRABALHANDO, RECEBEM SALÁRIO PARA O SUSTENTO DA FAMÍLIA.

EXISTEM MUITAS PROFISSÕES:

CABELEIREIROS	MOTORISTAS	PADEIROS
PROFESSORES	GARIS	MÉDICOS...

ATIVIDADE

NO FINAL DO LIVRO VOCÊ VAI ENCONTRAR UM BARALHO PARA JOGAR O JOGO DAS PROFISSÕES.

RECORTE E BRINQUE COM SEUS COLEGAS DE SALA. LEMBRE-SE DE COMENTAR SOBRE CADA PROFISSÃO QUE APARECE NAS CARTAS E DE SUA IMPORTÂNCIA.

PADEIRO
COSTUREIRA
ENGENHEIRO

LENDO E APRENDENDO

TODO TRABALHO É ÚTIL E IMPORTANTE!

UMA INTERESSANTE HISTÓRIA FALA SOBRE A IMPORTÂNCIA DO DINHEIRO NA VIDA DAS PESSOAS.

SEU PROFESSOR IRÁ LER E VOCÊS IRÃO DISCUTIR SOBRE ESSE TIPO DE PESSOA.

O AVARENTO QUE PERDEU SEU TESOURO

DINHEIRO SÓ TEM VALOR
SE O USAMOS SABIAMENTE.
QUE ADIANTA, TENDO DINHEIRO,
VIVER MISERAVELMENTE?

A PESSOA COM MANIA
DE SÓ GUARDAR E GUARDAR,
É TÃO POBRE QUANTO A OUTRA
QUE NÃO TEM O QUE GASTAR.

NA VERDADE, O AVARENTO,
DE RICO, VIRA MENDIGO,
COMO NA HISTÓRIA DE ESOPO,
QUE EXEMPLIFICA O QUE DIGO.

UM INFELIZ AVARENTO
O SEU TESOURO ESCONDIA,
NÃO POSSUÍA SEU OURO,
O OURO É QUE O POSSUÍA.

CAVOU UM BURACO FUNDO
E ENTERROU TODO O DINHEIRO
E, COM ELE, GUARDOU JUNTO
O SEU CORAÇÃO INTEIRO.

PENSAVA NESTA FORTUNA,
DIA E NOITE, NOITE E DIA,
COMENDO, BEBENDO, ANDANDO
A MENTE PRÁ LÁ FUGIA.

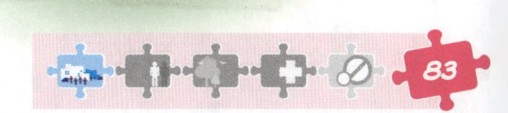

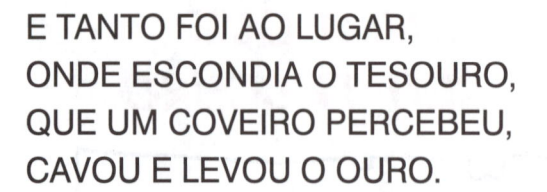

E TANTO FOI AO LUGAR,
ONDE ESCONDIA O TESOURO,
QUE UM COVEIRO PERCEBEU,
CAVOU E LEVOU O OURO.

NOUTRO DIA, O AVARENTO
ACHOU A COVA VAZIA
E ENTRE LÁGRIMAS, SUSPIROS,
GRITAVA, ARFAVA, GEMIA.

UM PASSANTE QUIS SABER
O MOTIVO DE TAL CHORO.
O AVARENTO RESPONDEU:
ROUBARAM O MEU TESOURO.

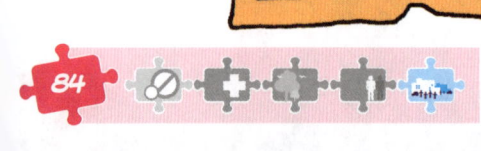

UÉ! TORNOU O PASSANTE
POIS NÃO HÁ NENHUMA GUERRA,
POR QUE ESCONDÊ-LO LONGE,
EMBAIXO DE TANTA TERRA?

NÃO ERA MELHOR GUARDÁ-LO
COM VOCÊ, NO PRÓPRIO QUARTO,
USANDO A TODO O MOMENTO
DESTE DINHEIRO TÃO FARTO?

A TODO MOMENTO?! Ó DEUSES!
GRITOU O NOSSO PÃO-DURO
NUNCA TOQUEI NO TESOURO,
ESTAVA AQUI, BEM SEGURO!

O PASSANTE DISSE ENTÃO:
SE O OURO A NADA SERVIA,
GUARDE UMA PEDRA NA COVA,
SERÁ DE IGUAL SERVENTIA!

DISCUTINDO A HISTÓRIA

VOCÊ SABE O QUE SIGNIFICA SER AVARENTO?

SER "PÃO-DURO" E SER AVARENTO SIGNIFICA A MESMA COISA? UMA PESSOA QUE POUPA, ECONOMIZA SEU DINHEIRO PENSANDO NO DIA DE AMANHÃ PODE SIMPLESMENTE SER CHAMADA DE PÃO-DURO? DESENHE OUTRO FINAL PARA A HISTÓRIA DO AVARENTO, MOSTRANDO O QUE PODERIA ACONTECER COM O TESOURO ESCONDIDO.

QUANDO PENSAMOS EM COMO GANHAR DINHEIRO, LOGO VEM À MENTE A COMPRA E A VENDA DE PRODUTOS, NÃO É MESMO?

ISSO É CHAMADO DE **COMÉRCIO**.

COMÉRCIO É A ATIVIDADE ECONÔMICA DE COMPRA OU VENDA DE PRODUTOS CHAMADOS DE MERCADORIA.

GRANDE PARTE DAS MERCADORIA É PRODUZIDA NAS INDÚSTRIAS COM A MATÉRIA-PRIMA FORNECIDA PELA ZONA RURAL, PELO TRABALHO DO HOMEM DO CAMPO.

É UM MOVIMENTO MUITO GRANDE DE IDA E VINDA DE MERCADORIAS! VOCÊ SABIA QUE O COMÉRCIO DE PRODUTOS EM GRANDES QUANTIDADES É CHAMADO DE **ATACADO**?

OS **COMERCIANTES**, OS **LOJISTAS**, DONOS DE LOJAS E SUPERMERCADO COMPRAM OS PRODUTOS NO **ATACADO**.

E NÓS, OS CONSUMIDORES, COMPRAMOS NO **VAREJO**, ISTO É, UM POR UM, EM PEQUENAS QUANTIDADES PARA O NOSSO **CONSUMO**.

TODAS AS PALAVRAS DO QUADRO REFEREM-SE AO MOVIMENTO DO COMÉRCIO DOS PRODUTOS NAS CIDADES.

**ATACADO   VAREJO   CONSUMO   CONSUMIDOR
COMERCIANTE   LOJISTAS   COMÉRCIO**

VAMOS COLOCÁ-LAS NO DIAGRAMA A SEGUIR OBSERVANDO CUIDADOSAMENTE O NÚMERO DE LETRAS, CERTO? MÃOS À OBRA!

ATACADO
VAREJO
CONSUMO
CONSUMIDOR
COMERCIANTE
LOJISTAS
COMÉRCIO

M E R C A D O R I A S

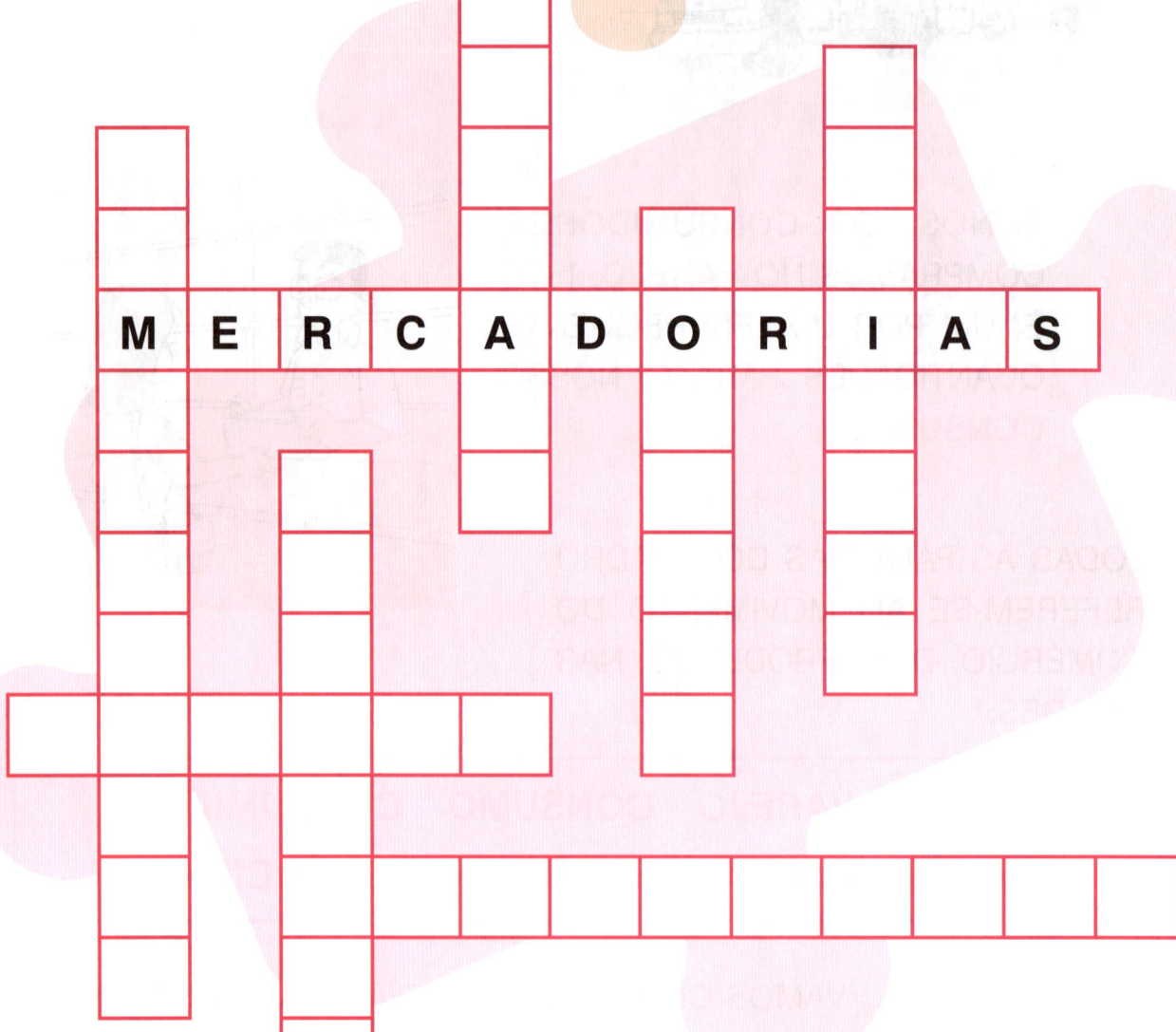

COM TANTAS COMPRAS, TANTO COMÉRCIO DE PRODUTOS E TANTO CONSUMO OCORRE UM OUTRO PROBLEMA NAS CIDADES: A QUANTIDADE DE LIXO ACUMULADO.

O LIXO É UM SÉRIO RISCO PARA O NOSSO MEIO AMBIENTE.

Depósito de lixo em rua de cidade brasileira.

PARA QUE ISSO NÃO ACONTEÇA, O QUE DEVEMOS FAZER?

_____
_____
_____
_____
_____
_____

UMA MANEIRA DE CONTRIBUIR E DIMINUIR O PROBLEMA DO LIXO É SEPARÁ-LO:

1. **LIXO SECO** (LIMPO): PAPEL, PAPELÃO, VIDROS, PLÁSTICOS, LATAS, EMBALAGENS LONGA VIDA;

LIXO ORGÂNICO: RESTOS DE ALIMENTOS, CASCAS DE FRUTAS E LEGUMES, FOLHAS, GRAMA, PALHAS, PAPÉIS MOLHADOS OU ENGORDURADOS;

REJEITOS: PAPEL HIGIÊNICO, LENÇOS DE PAPEL, CURATIVOS, FRALDAS DESCARTÁVEIS, ABSORVENTES, PRESERVATIVOS, PILHAS (EM SEPARADO);

AS **BATERIAS** DE CELULAR E DE FILMADORAS DEVERÃO SER DEVOLVIDAS AOS FABRICANTES.

2. COLOCÁ-LO NAS LIXEIRAS ADEQUADAS:

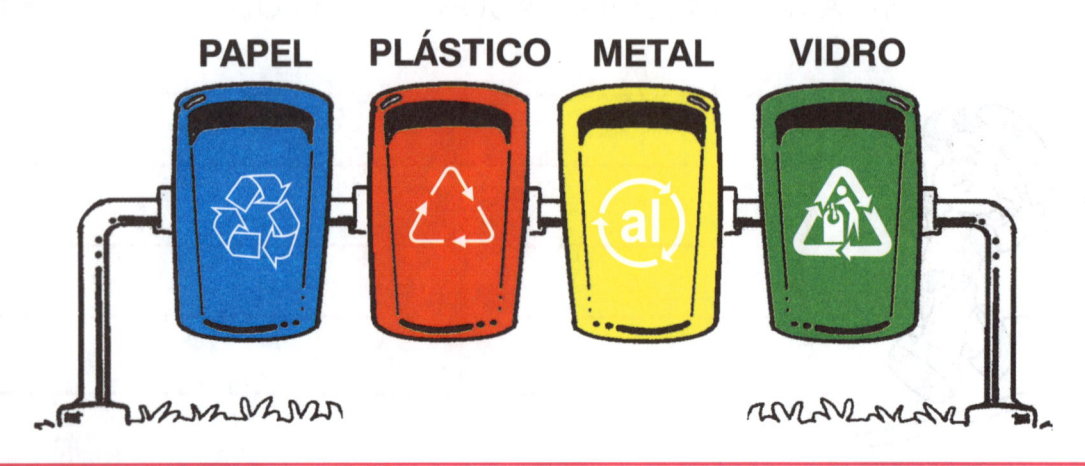

PAPEL   PLÁSTICO   METAL   VIDRO

ATIVIDADE

ONDE VOCÊ COLOCARIA OS OBJETOS A SEREM JOGADOS FORA? LIGUE OS OBJETOS ÀS LIXEIRAS CORRETAS.

ALGUMAS ATITUDES BEM SIMPLES PODEM TORNAR O AMBIENTE MELHOR.

BASTA ADOTARMOS ALGUNS COMPORTAMENTOS DE RESPEITO E ZELO PELO NOSSO PLANETA.

CONVIDO A TODOS QUE ADOTEM A IDEIA DE TRANSFORMAREM-SE EM **ECOCIDADÃOS**.

NO FINAL DO LIVRO VOCÊS IRÃO ENCONTRAR 12 ADESIVOS, PARA COLAR NOS ESPAÇOS A SEGUIR, QUE ENSINAM A VOCÊ A SE TORNAR UM ECOCIDADÃO. UM CIDADÃO EM DEFESA DA ECOLOGIA.

PARABÉNS!
VOCÊ COMPLETOU O LIVRO 1
DOS DIREITOS HUMANOS E CIDADANIA.
APRENDEU MUITAS COISAS INTERESSANTES
E IRÁ COLOCÁ-LAS EM PRÁTICA!
BONS ESTUDOS!

MATERIAL PARA A PÁGINA 8 – NOMES PRÓPRIOS DE PESSOAS.

LUIZ	GIOVANNI
RODRIGO	MARCELA
ELIZABETH	PAOLA
SHIRU	ABDUL
LUCA	MATHEUS
JULIANA	ADRIANO
GUILHERME	CAUÊ
YARA	MARIANA

MATERIAL PARA A PÁGINA 14
FIGURAS CORRESPONDENTES
ÀS SOMBRAS.

MATERIAL PARA A PÁGINA 78
PLACAS DE SINALIZAÇÃO.

MATERIAL PARA A PÁGINA 17
HISTÓRIA DE CACHINHOS DOURADOS E OS TRÊS URSOS.

MATERIAL PARA A PÁGINA 36 – TRAJES TÍPICOS.

MATERIAL PARA A PÁGINA 36 – TRAJES TÍPICOS

MATERIAL PARA A PÁGINA 69 – QUARTO BAGUNÇADO.

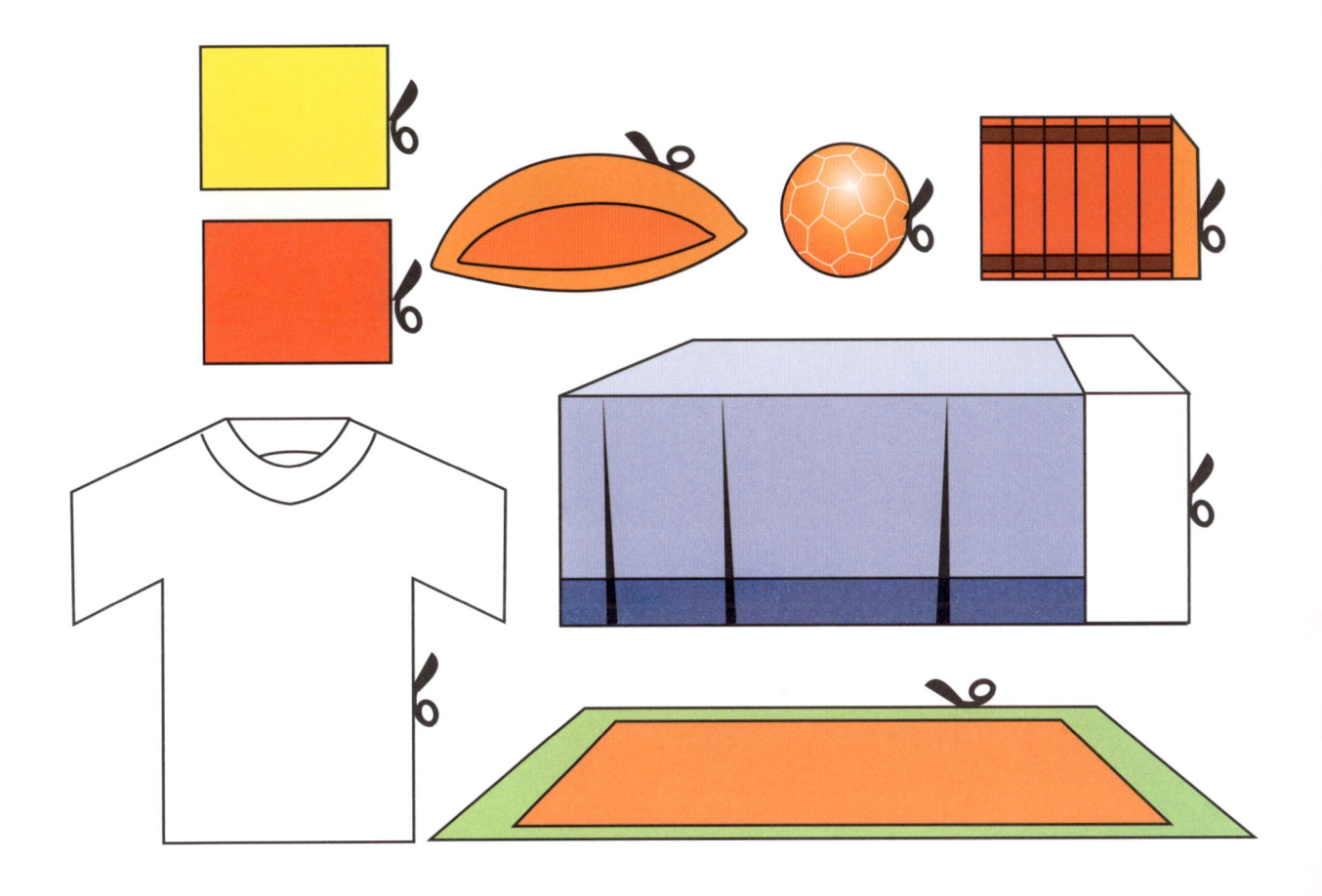

MATERIAL PARA A PÁGINA 82 – JOGO DAS PROFISSÕES

PADEIRO　　　**ENGENHEIRO**　　　**COSTUREIRA**

105

MATERIAL PARA A PÁGINA 82 – JOGO DAS PROFISSÕES

PROFESSORA	PEDREIRO	CARTEIRO
MÉDICO	GARI	GARÇOM
BOMBEIRO	AEROMOÇA	MECÂNICO

**MATERIAL PARA A PÁGINA 67 – JOGO DA MEMÓRIA
COLE EM UMA CARTOLINA, RECORTE E BRINQUE.**

MATERIAL PARA A PÁGINA 93
ADESIVOS ECOCIDADÃO

- EU PROTEJO OS ANIMAIS
- EU USO PAPEL RECICLADO
- EU USO SACOLA RECICLÁVEL
- EU NÃO DEMORO NO BANHO
- EU DESLIGO OS APARELHOS ELÉTRICOS
- EU SEPARO O LIXO
- EU CUIDO DAS PLANTAS
- EU NÃO DEIXO RESTO DE COMIDA NO PRATO
- EU CONSERTO MEUS BRINQUEDOS
- EU FECHO A TORNEIRA
- EU REAPROVEITO OS MATERIAIS
- EU NÃO POLUO OS RIOS E MARES